من الحب إلى الحرب

Von Liebe zum Krieg

From love to war

تأليف
يوسف الكور

دمشق

دمشق يا جرح الهوى والعشق

يا ريحانة الأصدقاء والصدق

يا طفلتي وأمي يا قلعتي وحصني

يا روحاً سُلبت من جسدي

يا شارع الياسمين والفل والعبق

يا بيتاً يأوي من شدة البرد

دمشق أيا دمشق قلبي ينطق بالعشق

دمشق أيا دمشق ائذني لنا بالرفق

بات الحنين يقتلنا ويخر السيف بالعنق

بات أوكسجين غربتنا سماً عالقا بالحلق

دمشق أيا دمشق أريد منك أحجاري

خرابيش طفولتي وكل ذكرى علقت على حائط بالي

أريد منك كل شيء ولا أريد شيئاً بعد

أريد الاعتذار ولا أرى للصلح حد

ولم يعد لقارب كياني متنٌ عند الإبحار فهنالك سد

وباتت أفكاري وروحي معلقةٌ في جذرٍ ومد

أيا دمشق يا دمشق مدحي بك عاد على روحي بالنقد

فكيان وجودي لا معنى له سواك , أيا مليكتي لا أرى بسواك الشهد

ابتعدنا عن الله

ابتعدنا عن الله كثيراً فكيف تكون الحياة
عندما نريد دائماً المزيد وننسى غدا الوفاة

كيف تكون الحياة وواحدنا مندفعٌ خلف الملذات
والآخر خلف المال لجمعه حتى على جثِث الأموات

وكلٌ منا يفقد سيطرتَه منهزماً في ساحة الشهوات
والقتل أصبح أخباراً عاديةً نتداولها عناويناً في المجلات

نقرأها مع كأس الشاي المحلى بالغد الذي تملأه الغفوات
ونتابع بكلِ برودٍ بأعيننا ونحن نقلب الصّفحات

إلى أن نقفَ على أخبار الرياضة وتظهر عندها الانفعالات
أيُّ طريقٍ سلكناهُ وكيف أصبحت لدينا الاتجاهات

فالصالح إن وجد بيننا تتكاثر عليه الحكايات والترّهات

لا شأن له فالشأن سرقه صاحبُ الأموال والشركات

كيف , تكون حياتنا ونحن بغفوةٍ تملئ العمر قبل الممات

وكيف , قل لي كيف ستكونُ على هذه الطريقةِ الحياة

كيف تكون حين يقتتل شخصان على لاعبِ كرةٍ وتزداد النقاشات

كيف تكون حين تقتتل الشعوبُ على ما في الأرضِ من ثروات

كيف وكيف ستكون حينما نفقد السيطرةَ على انفسنا بالذات

فهنالك طفلٌ يرى ويتعلم منذ نشأته كلَّ هذه السخافات

وآخرُ لا يعلم من أباه والمزيد المزيد من الحكايات

والحروب قائمةٌ وفي وسطها راقصاتٌ وصوتُ حفلات

والله منسيٌّ لا نعلم من كتابه شيئاً إلا بعض الآيات

والدنيا تشغلنا وتبقى الأحياء بلا عظةٍ تلحق الأموات .

أحبك أمي

أين الليالي التي جمعتني بك وأبعدتني عنك تلك الليالي

محالٌ قد أطالته يدانا فكم قلت محالٌ أن تحيي بدوني وكم قلت أنا محال

وها نحن نحيا كلٌ منا دون الآخرِ وها نحن نحيا المحال

أيا من نسجت لها من صوتي لحناً يكسوها ولا يكسوا المحال

يا سيدتي فُراقنا عجز عن وصوله المحال وكم نشتهي القرب ولكن البعد طال

فكلُّ ما مضى قد مات إلا ماضيك يبقيني على قيد الحياة

يا ذكرى تحيى بعد الوفاة يا قلباً ينبض ولا يخرج النبضات

أريد الاعتذار إن كان قد خرج مني سوءٌ أريد الاعتذار عمّا مات

فلم يحيى ويبقى بيننا إلا جميل الذكريات وشيءٌ يرافقني كصدى الأصوات

فحين أبوح بمشاعري عنك يخرج مني صدى صوتك تخرج مني صرخة الحياة

وحين يبلى جسدي قولي لهم لم يمت إن كنت على قيد الحياة

فروحي معلقةٌ بك أنت .. أنت وحدك يا كل الكلمات

أريد أن أقول لك شيئا يا أمي الله في ستة أيامٍ قد خلق الحياة

أحبك أمي وفي ستة أبياتٍ لخصت أنا تاريخ الحياة .

مالك وحسن

أهملني الوطن وألقاني لأستنجدَ بالزمن
وكَثرةٌ حولي ولكني غريبٌ , غريب في ذاك الوطن

غريبٌ في بيتي حيث خلقت نازحاً وأملك السكن
غريبٌ بين القريب والبعيد والروح أصبحت وثن

صمتٌ يفاجئني ضجيجيهُ في داخلي يتسلقُ ظهري كالرسن
ويعتليني ليسيطرَ بلونهِ على كلِّ الأشياء فكلُّ شيءٍ أسودٌ حتى اللبن

الله على هذا الزمانِ فأي صعابٍ تلك وأي محن وأي فتن
فلم يبقى هناك صديقٌ ولا أخٌ فقد اغتالوا مالك وصلبوا حسن

في داخلي صمتٌ يفاجئني بأصوات الغائبين في داخلي وطن
في صمتي استوطنَ الغائبون وعاش مالكٌ وعاش حسن .

أتى الموت

اتى الموتُ ليحصدَ شباب موطني

تساءلت في نفسي لماذا تركني

أرآني شيخاً عاجزا يموتُ فتركني

اسلبني ما رأيته من الظُلمِ شبابي

أتى الموت كعادته ليحصد شباب موطني

فمُوسمُ حصادهِ في موطني لا ينتهي

لكل فصل من فصول السنة ينتمي

ومن دم شعبي لا يرتوي

ومن الشهداء لم يكتفي

ومن حصاد أرواحنا الطاهرة لم يكتفِ

أتى الموت مقايضا علينا

يستبدل أرواحَنا بالقصص الحزينة

اتى الموت لشعب معطاءٍ مرحبِ

يرحبِ بالعابرِ والسائلِ وحتى بالموتِ يرحبِ

إيمانهم أقوى من الموت وابعد من الأنجم

والجنة ارضهم وكرمُ فقيرِهم يفوق الأبحرِ

فمرحباً بالموت من الصغير والكبير والنساء تخرجُ

وبكرمنا نرحبُ بالموت ويخرج الترحيبُ من كل صوت

فعليك بسناء الصوت ايها الموت

ورفقا بشعبي رفقا بالأفواه السكوت .

إدمان

جالسٌ بالقربِ من نافذةِ منزلي وأوراق الخريفِ تملأ المكان

وربع قرنٍ من عمري قد مضى تاركاً لي خلفه أفكاراً وإدمان

إدمانٌ على الأحزان إدمانٌ على التفكيرِ والبكاءِ عند الإمعان

إدمانٌ على حبٍ لأصحابٍ قد فارقتهم إدمانٌ على مفارقِ مكان

إدمانٌ يصاحبني وأنا وحدي إدمانٌ أصبح على هيئة إنسان

إدمانٌ على هيئة أمي في ذاك المكان ووطنٌ لا يشبهُ الأوطان

أنا لا أحب الشاي ولكني سأنهضُ لأحضرَ لنفسي كأساً ففيه إدمان

أنا رجلٌ لا خبرةَ لي في الحياة ولكن مفارقة ما أحب سبب في نفسي فيضان

أنا رجلٌ بسيطٌ لا أقربُ الحشيشَ ولكن حشيشَ أرضَ موطني تطلبهُ عروقي دخان

ولا أقرب الكحولَ وما يجعلني افقدُ عقلي غيرَ أن موطني قد خدر فيَّ اللسان

أنا رجلٌ عارٍ من تاريخ مغادرتي لموطني إلى وقتي هذا أشعر بالحرمان

أنا رجلٌ .. لا بل أنا طفلٌ يبوح ما بداخله ويبكي ولا يستطيع الكتمان

فطفلٌ في داخلي وامرأةٌ وصديقٌ ورجلٌ أحتمي بهم أماتهم الزمان

ولكنهم مازالوا أحياءً أراهم في كل مكان مع كلّ كأس شاي سبب بداخلي إدمان .

أيلول

أيلول موطني تفتح فيه القبور

وينزح فيه شعباً من داخله مكسور

ويبقى الفقيرُ فقيرٌ ويبقى المقهور مقهور

في أيلول تهاجر الطيور

طيور موطني تحلق إلى المجهول

والشعب يحلق إلى القبور والجحور

والسلطان يحلق مع حاشيته إلى القصور

--

شهر أيلول هو في ذاته مذهول

وفصول السنة بأكملها تخلت عن أيلول

أمطاره عرقاً ودماءاً وطفله جريحاً أو مقتول

ونساءه باتت جائعات في منتصف الكرم والحقول

أيلول يا أيلول ذبحت فيك الزهور

شباناً وشاباتٍ ودّعوا الدنيا من نافذة أيلول

--

مهما فعلتم سيبقى أيلول شهراً من الشهور

والسنة لن تكتمل دون أيلول .. فصبراً أيلول

ماذا نقول لأيلول هكذا قالت كل الشهور

ماذا نقول لأيلول أربع فصولا تبكي أيلول

والسنة بحالها خصصت له موجزاً بعد الفطور .

أنصاف الحلول

--

تراودني انصافُ مشاعرٍ في داخلي

انصاف حياةٍ وأنصاف كلماتٍ تبعثرني

فقدتُ نصفَ الروحِ والنصفَ الآخرَ يهددني بالبقاء

اشتياقٌ قد ذهبَ النصف الأولَ على حدٍ سواء

وأما عن نصفيَ الثاني فبقيَ ليشتاقَ وينتظر اللقاء

بقي تحت رحمةِ الزمنِ ينتظر انصاف الأصدقاء وأنصاف الأشقاء

فوضةٌ في داخلي تبعثرني تشتت اجزائي عن جسدي

تشتت أفكاري عن عقلي تشتت حواسي من نفسي

ابتعادٌ يطول وبشرح معنى كلمةِ الغربةِ بكثيرٍ من السطور

بآلاف الألوان تجمعنا الآلام زرعٌ منوعٌ في نفس الحقول

وأنصاف ظلالٍ تتبعني على هيئة وطنٍ مجهول

ودوامات مشاعرَ تغرقني وأنصاف المعاناة تطول

تراودني نصفُ حبيبتي التي أخذت نصفي برصاصة جنديٍ مجهول

تراودني نصفُ رجولتي التي تَرَكَتَهَا عند الفرار إلى المجهول

يراودني من كل شيءٍ النصفُ ليصرخ داخلي ويقول لا أرضى بأنصاف الحلول

تراودني أنصاف أحلامٍ وأنا بالنصف الذي مضى من عمري مذهول

يراودني نصفُ وجعي ونصفُ شوقي ونصفُ خيبةٍ تراودني .. وآهاتٍ كاملة

يراودني نصفُ أملي ونصفُ حلمي ونصفُ نفسي تراودني في حياتي القادمة .

باتت أوراقي موطني

أخطُّ سلاماً لك يا من ابعدتني
واستبعدتني ومن هواء أحبابي حرمتني

أخط لك مني سلاماً فأنا لك انتمي
وفي النهاية ستبقى وإن قسوت موطني

أخط لك أحرفي لأذكرك فيني إن نسيتني
أخط لك روحاً معلقةً على أرض أوراقي يا موطني

فلم يعد لروحي موطنا وباتت أوراقي موطني
صباحها يخرج من لونها الأبيض ومسائها يخرج من كلمي

يخرج من قلمي يخرج من روحاً مستبعدة باتت لها تنتمي
يخرج الليل من فمي حين اتحدث عليك يا موطني

حين اتحدث اليك وأتحدث عنك يبك على أوراقي قلمي

ويداهمني الليل من صباحي ويخفي عني احبابي ويخفي عني انجمي

تتناه كلماتي ويجف حبري ومن غير دمع عيني لا يرتوي

مثلك تماما قلمي يا موطني لا يرتوي إلا من دموعي ودمي .

ثمة فئة
--

ثمة فئة من شعبنا يتبعون العاهرات

ينتشرون في كل الزوايا كالطاعونِ والحشرات

تراهم في الشارعِ صباحاً ومساءاً وفي كل الأوقات

تراهم في الجامع يمثلون على الناس ويقيمون الصلاة

ثمة فئة منا لا تنتسب الينا ولا تنتسب للحيوانات

فهم لا يفهمون شيئا غير جمع المال وإفراغ الشهوات

يتاجرون بحياة الناس ويدَّعون بالقرآن والآيات

يتاجرون بإسم الله مقابل أي نوعٍ من أنواع العملات

تراهم خاشعين تنساب منهم كل الحكايات

يعلمون كل شيءٍ في الدنيا وينسبون لهم الخبرات

يزورون الحكايات يقتلون القتيل ويزرعون فوقه النبات

يمشون بين الناس ولكن الإنسان بداخلهم قد مات

ثمة فئة من شعبنا نتغاضى عنهم ونقول عن أخطائهم هفوات

ننصت جهلهم ولا نُفشي سرهم ونصدق ما يقولون من الترّهات

يسعّونَ لجمع المال ونحن نراهم ونغض البصر عنهم والنظرات

يسعّون فوقنا الجلوس وامتلاكنا عن طريق السلطات

يبيعوننا الحشيش لنفرح ونحن نشتري بأيدينا الآهات

يبيعوننا الطريق الذي يكمّلُ لهم كل الخطوات

يدخلون علينا من كل الأبواب وكلِّ الطرقات

من باب الحشيشِ والكذبِ والمشروبِ والضحكِ مع العاهرات

ثمة فئة من شعبنا لو وقفنا في وجوههم لأوقفنا في هذه الأرض النكسات

لنهضنا على بلدٍ عزيزة تخرج أناساً طبيعيين لا تخرج العاهات .

خائف يجري بداخلي

خائفٌ يجري بداخلي في متاهاتِ نفسي العميقة
فكلَّمَا ينبت داخلي زرعٌ أخضرٌ يشعل به حريقه

أجري وراءَهُ ويجري في طرقاتٍ جعلتها الذكريات عتيقة
ليوقفني هناك ويتابع سيره وأبقى أنا أسير الدقيقة

زلت قدماي فتمنيتُ الموت ليأت هدية بوثيقة
ولكني عاودت النهوض والموت لم يأت مع أنه حقيقة

حقيقة الموتِ لا فِرارَ منها والإنسان الخائف في داخلي حقيقة
جبل الحياةِ تعتليه الصقورُ وسأصعد إليها بأي طريقة .

صراع بيني وبين نفسي

دمعتي تحرقُ عيوني ولا أستطيعُ الكلام
من ذا الذي يفهمني ويخرجني من العتمِ والظلام

من هذا الذي سيمحي معاناتي من الأيام
من هذا الذي سيخففُ من صدري الآلام

صراعٌ دخلنا به أنا ونفسي كفأسٍ يكسر الأصنام
صراعٌ دخلت به أنا ونفسي وسيعلن احدنا الاستسلام

أريد أن أكون رغماً عنها وحربنا تجمع الأنام
أريد أن أكون وتريد هي الدنيا وحبرُ اردتي بصمة ابهام

إلى أن اتعبَ وتتعبَ وحالنا يبدو استسلام
أعود لأصَالِحَهَا وأقول لها بتعجبٍ واستفهام

لم أعد أريد شيئا والأحلام ستبقى أحلام

لم أعد أريد إلا صلحا يجمعني وروحي بسلام

الم يحاصرني بين نفسي ونفسي ويستوطن العظام

وصباح يومي الجديدِ يشرقُ عليَّ عتم وظلام

حررني من سجني أيها السجان فقد انتهى مني الكلام

حررني وحرر صباحي من الظلام واستخلص مني تلك الآلام

.

وطني

وطني يا بحراً ارسيت عليه سفني
يا بيتي الدافئ يا منفاي ويا سكني

يا دمعتاً ملتصقةً على حائطِ خدي
يا ظناً استحوذني في عتم صباح غربتي

يا روحا ابتلعتني ومن أرضها أخرجتني
عنقود عنبٍ في حباته الخضرِ وضعتني

الست أنا , أنا أولست أنت موطني
لماذا كلُّ هذه الأطنان من الحزن حملتني

لماذا لم أصعب عليك فأنا أصعبُ على نفسي
لماذا تسمع كل صراخي كالهمس

لماذا أوقفت بي الزمان ليصبح يومي الجديدِ كالأمس
ألم يحنِ الوقت لتشفقَ على ولدك المَنسي

وطني يا شجرة التفاح يا لعنة الحب
يا عنقاً يوصلُ الجسد بالرأس

لماذا أجبني لماذا , أرجوك أجبني
فإجابتك مفتاح يخرجني من سجني

لماذا يا وطني , أجبني يا وطني
فألفُ سؤالٍ عندي كالخناجرِ بالظهر تطعنني

الف سؤالٍ عندي وكل واحدٍ منهم يدمرني
لأصبح حجراً من أحجارِكَ انتظر من يشيدني .

لا تسألني عنها

أرجوك لا تسألني عنها بعد الآن

فسؤالك يشعل ناري ويهيج تلك الأحزان

سؤالك يضعفني ويهدني بلحظةٍ وكأني عملت لأعوام

ويهيج بحرا داخل عيوني ويغرقني عند الإمعان

هي حبٌ قديمٌ داخلَ القبِ

هي دمٌ يسري داخل العرق

صبيةٌ وكانت فيَّ أحق

وعدتني بانتظاري حتى طريقي فيها أشق

فتركتها ولم أحفظ معها الوعد

وتركت لها مني بعضَ كتاباتي ليعوضوها عن النقد

فذكراها ليس بأوهامٍ وحبها بصدري كادَ يشق

كنا روحاً واحدةً وكانت صبيتاً وفيَّ أحق

طفلة الشام هي واسمها دمشق اسمها دمشق

فلا تسألني أكثرَ فقصتنا اشهر قصة عشق

يا ذكرى ابتلعتني فعلقت انا داخل الحلق

فغدت أصواتها تخرج مني وما بحت بغير الحق

أرجوك لا تسألني بعد الآن

هي وطنٌ غيرُ الأوطان

ولونها تخرُّ راكعتاً له الألوان

وريحها يعطر الإنسان

فلا تقارنها بغيرها شتان

هي الموسيقار وآلة الكمان

هي القلب الذي يدقُ بجنونِ الكتمان

هي العنقُ الذي ارفع به رأسي في كلِّ مكان

فلا تقارنها بغيرها شتانا يا عزيزي شتان .

عدت اليك

عدتُ وأقسمتُ على البقاء
عدتُ مريضاً يريد الشفاء

عدت اليكَ راجياً الرضاء
راجياً القبولَ تاركاً خلفي الشقاء

اطرقُ البابَ طرقَ الضعفاء
راجياً الدخولَ مع الدخلاء

باتَ خطأي وحشٌ يطاردني في العراء
ذكرى المعاصي تقتلني وتعذبني بسخاء

سُمٌ بحساء عمري شَرِبتُهُ بغباء
بات خطأي عدواً لا أريد معه اللقاء

وتعبتُ ندماً وأتعبني الشقاء

أما من مغفرةٍ منك تبددُ الأخطاء

أحبك بإخلاصٍ والقلب عائدٌ بنقاء

لا يريدُ الرِجوعَ لما كانَ فيه من بلاء

والدنيا بزينَتِهَا باتت عندي كالصحراء

لا تهمني بما فيها من قحطٍ وسخاء .

عدنا

عدنا ومن أين عدنا فهل نحن ذهبنا لكي نعود
وهل يستحق ما نحيا لأجله في الحياةِ الركود

عمرٌ قصيرٌ لا يستحقُ البكاءَ ولا يستحقُ للحياةِ بأن نكون بها الوجود
ولا يستحق لنا الخوفَ من أحدٍ فكلنا نفسٌ واحدةٌ ولا يستحق لغير الله السجود

عدنا بعد ان انتهى العمرُ بحقيبةِ ذكرياتٍ وأدركنا اللا خلود
بعد ان فات الأوانُ ووصلت سفينتنا إلى مرافئِ القبورِ والحشود

عدنا بأطياف الشباب التي فارقتنا على مفارقِ الكبَرِ ولن تعود
عدنا في آخر المشوارِ لوحدنا ولا يعلم حالنا غيرُ الواحدِ المعبود

عدنا بعد أن جرينا خلف الدنيا والألمُ افترسنا كالأسود
عدنا بأسفار النهاية التي بفتحها سننتهي ولا نعلمُ متى سنعود .

في الحب نحيا وفي غير ذلك نموت

تأكلني أفكاري كما تأكلُ النارُ كل شيءٍ وتحولهُ إلى رماد

لا برداً ولا سلاماً في هذه الدنيا والعباد كالنارِ تأكل العباد

أخطُّ بقلمي روحاً تلامسُ الأرواح والأزلُ لن نبلُغَهُ بالحربِ والعناد

سطوراً أملئوها بكلماتٍ لا أريدها أن تموتَ كما ماتوا تحت الأنقاض

كما ماتَ الآباءُ والأحفاد بإعادة التاريخِ وبكلماتي أنا متواضعٌ وجاد

طرقاتُ الحربِ تخطونها بأسبابٍ تضحكُ التاريخَ نفسَ ضحكتهِ على الأجداد

تدفنونا بأيديكم وتدفنونَ أنفسكم بعدنا وتورثون احفادنا الحداد

الله أكبر الن تتغير عقولكم فالبشرُ بشرٌ في كلِّ رقعةِ بلاد

بشرٌ مفعمونَ بالمشاعرَ لا ينقصهم شيئاُ من حربكم تلك ومن المعاناة والإجهاد

الم يئن الوقت لنا لنتعلم من تاريخِ من كانوا قبلنا فالعمرُ قصيرٌ لا خلودَ لنا ولا أبعاد

أعيدوا حساباتكم فالأمواتُ أصبحوا في بلادي مجرد أعداد وما زال يعمل العداد

أعيدوا حساباتكم ففي الأرض ما يكفي الجميعَ وفيها الهواء الذين يتشاركونه العباد

يأخذني العالمُ الذي برأسي إلى عالمٍ خالٍ من الحروب مفعمٍ بالأحلامِ والأمجاد

والأمجاد تأتي بالحبِ وحده لا بالحربِ وفي النهاية كلنا لآدم وحواء أحفاد

ففي الحب سنحيى وفي غير ذلك نموت لتدرجَ أسماؤنا تحتَ قائمةِ الأعداد

ففي الحب نحيا وفي غير ذلك نموت لا بحروبكم تلك سنرقى ولا بخلق الأنداد

أتت إليَّ

أتت إلـيَّ بوجهها المتعبِ الذي أشقاهُ الزمان

أتت إلـيَّ تريد مني بعض الحنان ولم تعلم بأني أفتقرُ الحنان

لا تنظر لسوايَ كأنما ليس على الأرضِ غيري إنسان

تلقي بنفسها علي وكأني أحلامٌ وجنان

تقول لي أنت جنتي , وناري أنت وليس بقلبي سواك إنسان

أجيبها أنا لا أصلحُ لك فأنا خرافةٌ قصةٍ يرويها الزمان

أنا لا وجودَ لي وهم يتجسد بإنسان

تاريخٌ مضى وانقضى فماذا تريدين مني الآن

هذا أنا فماذا تريدين مني يا سيدتي الآن

فقالت أريد غبارَ تاريخِكِ يعبق فيَّ وذكرى من عالمِكَ عالمِ الأحزان

وبعد بوحِكَ بحقيقتك لن أتخلى عن تلك الأوهام

تلك الأوهام التي شكلت منك

إنسان

الحب يبقى

--

يسقط كلُّ شيءٍ في الحياة والحب يبقى بعد الممات

بعضنا لا يريد هنا بأن يكون وكان وهكذا تبدأ الحكايات

تدمرُ الساعةُ أوقاتَنَا ونحن نشاهدها في فرحٍ ومأساة

وتنتهي أعمارنا ونحن نريد المزيدَ وهذه هي العوبةُ الحياة

أين اليالي الوحيدةُ التي نملأ كأسَ وحدَتِها بالدمعات

أين الفجرُ الذي غاب عنا بعد ظهورٍ وطولِ مسافات

حرب دخلنا بها وما كنا نريدها والحب لم يمت مع تلك المعاناة

ماذا نريد من الحياة .. أو .. ماذا تريده منَّا الحياة

أقدار تفرضُ نفسها علينا وما عسانا التخلي عم أحلامٍ تملؤها الآهات

أقدار تفرض نفسها علينا وبالحب وحده نحب واقع الحياة

دعينا نخطو خطانا وننسى يا صديقتي ما تنشدهُ أرواحنا من أنّات

دعينا ننسى الألم الذي يحضن بداخلنا كلَّ أنواع الصرخات

فصمتنا طال .. صمتنا طال وسكوتنا يجيد كلَّ أنواع اللغات

والحب طريقنا الوحيد .. الحب طريقنا الوحيد الذي سيغيرُ طعم الحياة

كوني لي وحدي رغم الألمِ والبعد رغم الحرب والمأساة

فلم تخلا أرضٌ من الحرب ومن تاريخٍ يعيد الحكايات

كوني لي وحدي فغداً سوف نغادرها بسكات

كوني لي وحدي ودعينا معاً نغير واقِعَ الحياة

أقدارنا مسطرةٌ بالحب والألم , فدعينا معاً نملأ الكلمات

فالصمت طال حديثه ما بيننا وسكوتنا يجيد كل أنواع اللغات

والحب طريقنا الوحيد الذي سنحلّي به طعم السنوات

الحب طريقنا الوحيد فدعينا نسلكه لنغير معاً واقع الحياة .

اعترفي

كأوراقِ الخريفِ يتساقط حبنا وبأقدامنا تكسَرُ تلك الأوراق

سأبتعد عنكِ وأقسو عليك وأقسو على قلبي المشتاق

بات قراري يدمرني ويهدني بلحظاتِ الذكرى وأشيِّدَ نفسي بالأشواق

وأفكاري تستحوذني ولا أرى في ذاتي إلا أنت ووجهك قد سكن الأعماق

ما آن لربيعِنا القدومُ وما خلعتُ عني قراري مثل أشجارِ الخريفِ ولكني أشتاق

ظِلُّكِ يقودني إلى شوارعنا القديمة وأنا خلفَ ظلّكِ أنساق

قولي ما لديك فأنا منسطٌ لأميرةٍ قد سيدتها عليَّ بأحرفٍ وعناق

قولي بأن حبي قد زرع في العروق واعترفي بأننا خلقنا لبعضِنا عشاق

اعترفي بأنك تموتين مثلي وحنيناً ما بداخلك يصرخ من الأعماق

اعترفي بأن أخباري باتت أهمَّ من أخبارِ الأرضِ بما فيها من أصحابٍ ورفاق

اعترفي بحبك الذي يستنزف منك نفسَكِ اعترفي بأني رئيسُ العشاق

اعترفي بأنك حكمت مؤبداً بحبي وفي ذاك القرار لا يوجد عفوٌ ولا إعتاق .

القمر تحت فَمِكِ

- - -

أحبك ولا أدري بعد أسبابي
وأتساءل كيف حبك دخل أعتابي

وأجتاح مدينةَ نفسي وكيف كسَّر أقفالي
واستوطن داخلي وألغى تاريخي واستعمر أعماقي

أريد أن أقول ولا أقول كيف بمستعمري إعجابي
أريد أن أقول لك وحدَك كل يومٍ أخباري

أريد أن أقول لك كيف أصبحتِ بعدَ اللقاءِ جميعَ أحبابي
وباتت قهوة الصباح تسكرني وبتُّ أبوح بأسراري

وباتَ ليلي يكحِّلُ عيوني بِكُحلِكِ وما عدتُ أطيقُ انتظاري
أريد أن أقول ولا أقول فماذا أقولُ يا جميع أطيافي

لماذا دخلت أعتابي لماذا .. لماذا سرقت أحبابي

لماذا سرقت إقلاعي عن الحب وكيف فتحت أقفالي

وجهكِ كالسماءِ تسكنهُ النجومُ في عتمِ مسائي

والقمرُ تحتَ فَمِكِ وأكبرُ النجومِ فوقَ شفاكِ

أريد أن أغلقَ بابي فإما أن تدخلي أو ادخلي أترجاك

فما عدتُ أطيقُ استضافَتَكِ وما أنا ندٌ يريد أن يتحداك

دعيني أكملُ في عينيك مشواري دعيني أكمل مشواري

وأقضي ما تبقى لي من العمر تاركاً بعيداً أسفاري

دربنا على الهواء دعينا نُخطيهِ معاً ودعيني أسكنُ عينيكِ

يا من قلبت بابتسامتها حزني وغيرت كل إحداثياتي .

إلى متى

إلى متى يا عزيزَ القلبِ سأشتاقُ لك
ماذا فعلتَ لي إلى هذا المدى احبك

ماذا قدمتَ لتأخذَ من دموعِ العينِ حقَكَ
فالروح تخرجُ ماءها لتورق بها أرضَكَ

وعنانُ السماءِ تحدهُ حروفُ اسمِكَ
والحياة خلت في حينِ غيابِكَ

جفوني تنثرُ دموعي أشلائاً وأنت لا ترى ولا يهمك
إن كان أمري لا يعنيك فلماذا ابقيتني معلقةً بك

إن كان هذا الزمانُ لا يخصُّكَ ولا يهمُّكَ
فما ذنبي أنا .. ولأيِّ حين سأبقى عشقك

فأنا لا يعنيني في هذا الزمانِ إلا انتَ أم شيءٌ مِن خيالِكَ لأن حقيقتَكَ وهمٌ وحقيقتي ذنبٌ توهمَ له حبك .

طيبة إنسان

--

أنا من يصادفه السوءُ في كلِّ مكان
تهتُ بطيبتي في هذه الأرضِ وهذا الزمان

في هذه الدنيا التي اصبحَ فيها قانونُ الغابِ سلطان
حين يرفعونَ سِتَارَتَهم عن انيابهم ويلغى الإنسان

وقعتُ فمدت الأسنةُ لتنهِضَنِي من كلِّ مكان
مَدّوا لي سكاكينهم تلك بخبثٍ وحنان

وبدأو ينظرون لي بإنسانيتهم وفي داخِلِهِم شيطان
يحسبون بأني أمتلك عقلاً ويمتلكون اثنان

فتنةٌ هي الحياةُ يفتتنون بها وأنا لا أطيقُ الافتتان
وأحلامٌ مشردةٌ كصغيرِ طيرٍ يغادرُ الأوطان

وطيبةٌ تربينا عليها في وقتٍ تحولت به الطيبةُ لخذلان

والمفترسُ بيننا باتَ يتصيدنا كالغزلان

الله , الله ما أجمَلَهَا من حياة فليحيا الإنسان

الله , الله ما أجملها من حياة فليحيا الحيوان

وما أجملهم من ساداةٍ وساداة فوسادة الظلم لهم ولنا وسادة الأحزان

هكذا يؤجر الطيبونَ يا صاحبي هكذا يؤجرون في هذا الزمان .

ما بيننا فوارق

لا فرق لا ما بيننا فوارق
فالجبال لا يصل قمتها سوى العمالق

وطريقنا شاقٌ وعالٍ ولكِننا شواهق
ومن يريدُ الانسحاب هناك الكثيرُ من المفارق

لا فرق لا ما بيننا فوارق
فأنا حبي شرفٌ وجوهري بارق

ما بين يديك طفلٌ أنا مراهق
وفي الشدائد أنا رجلٌ يهز الفيالق

لا فرق لا ما بيننا فوارق
فالكون كله أنا إن أردت أن أعانق

والنار حولي اشعلها لمن يفارق
فأنا الذي الغي القرار وأنا الذي أوافق .

من أنا يا أمي

الذاكرة تتعبني يا أمي

أمشي بذكرياتي على طرقٍ مفقودة

على سراب وهمٍ مضى ومات وانقضى

لتصبح ذكرياتي أنا في ذاكرتي أنا كلمات المٍ مسطورة تقول

من أنا ومن أكون

من أنا ومن أكون

والله لا أعرف من أنا

ضعت أنا شتت عن طريقي المراد

حملني قدري هموماً على عرش الفؤاد

على عرش الفؤاد تربعت وبقيت في ذاكرتي أنا

من أنا ومن أكون

تائها امشي في غربتي في صمتٍ في قهرٍ تنبع منه أصوات السكون

تائهاً أنا في غربتي يملئني صباحها عتماً وجنون

ويستنزف مني نفسي حتى يراودني سؤالي المجنون

من أنا ومن أكون

أنا جسدٌ غابت عنه العيون

لا أرى ما أريد ولا أريد هنا أن أكون

إن حجب ما أحب فلماذا العيون

لماذا العيون يا أمي لماذا العيون

طريقُ السفرِ شق ظهري يا أمي

اعذريني على غضبي فلم أعد أتحلى بذاك الصبر

بدَّلني طريقي حتى أصبحت إنساناً غيري

صعقت بقدري أم أن قدري صعقني

اعذريني يا أمي فلم أعد أنا , أنا

أنفاسي تخرج برسمِ اسمكِ ولم أعد القى أصدقاءً مثلَكِ

فراقنا سحق بهجةَ الحياةِ من داخلي أنا

مسح الابتسامة الحقيقية صعق السعادة من صدري أنا

وضع كاتمَهُ على رأس قلبي ليفرغ نبضاتهِ بسكون

وأسكن عقلي سؤاله المجنون أنا من أكون

أنا من أكونُ

بعد الآن

كمانٌ مكسورٌ لا يخرج الألحان

ماضٍ قديمٌ يتكلمُ بالكتمان

وسمائي بعدَكِ تمطر الأحزان

ذاكرةٌ يتيمةٌ أنا لا تعرفُ الاطمئنان

فقدت أماً تذكُرها بالعيان

وحولتني من شخصٍ كان إلى شيءٍ ما كان

وما كان , كان أنا

والآن يا أمي لا أعرف من أنا

فمن أنا بسواكِ ومن أكون

فلا أجيدُ اللإجابةَ أجيبِ سؤالي المجنون .

1- دمشق
2- ابتعدنا عن الله
3- أحبك أمي
4- مالك وحسن
5- أتى الموت
6- إدمان
7- أيلول
8- أنصاف الحلول
9- باتت أوراقي موطني
10-ثمة فئة
11-خائف يجري في داخلي
12-صراع بيني وبين نفسي
13-وطني
14-لا تسألني عنها
15-عدت اليك
16-عدنا
17-في الحب نحيا وفي غير ذلك نموت
18-أتت إلىّ
19-الحب يبقى
20-اعترفي
21-القمر تحت فمك
22-إلى متى
23-طيبة إنسان
24-ما بيننا فوارق
25-من أنا يا أمي

ملاحظة :

أردت من خلال هذا العمل أن أتكلم بفم كل رجل وطفل وامرأة قبل أن أتكلم بفمي وأتمنى بأن يعبر عن ما بتنا نفتقده في داخلنا ..

أتمنى بأن ينال إعجاب الجميع .

Herstellung und Verlag:
BoD - Books on Demand, Norderstedt
ISBN 978-3-7431-1249-0